www.tredition.de

AF196501

Jens Art

Im Chaos der Gefühle

Gedichte

www.tredition.de

© 2017 Jens Art

Verlag: tredition GmbH, Hamburg

ISBN
Paperback: 978-3-7439-4142-7
Hardcover: 978-3-7439-4143-4
e-Book: 978-3-7439-4144-1

Printed in Germany

Im Straßencafé

Der Geiger und das Akkordeon

spielen gemeinsam traurige Lieder

sitzend in der Fußgängerzone

vor dem Blumenladen.

Mein Kaffee ist kräftig und herb...

Die Menschen ziehen vorüber und

schenken nur sich selbst

ihre Beachtung.

Ab und an übertönt ein Vorderlader

die zarten Melodien, oder ein

vorüberfahrendes Fahrzeug

verschluckt oder dämpft sie ab.

Alexander und Alexander

spielen sogar mit Lizenz, die

sie in ihrer aufgeklappten Schachtel

zur Schau stellen.

Eine Oma mit Hut steht da und

scheint auf jemanden zu warten und

blickt sich ungeduldig um.

Hunde trotten neben ihren Begleitern

her und fügen sich deren Lauf...

Es scheint ein sinnloses Durcheinander zu sein,

dass sich offenbar von selbst ordnet.

Gerade wurde die Omi ausgeschimpft,

da sie nicht dort wartete, wie

abgesprochen...Oh, je,

die Arme!!!

Die Violine ist alt und

ist sehr klangvoll…

In mir und aus mir heraus

In mir stecken Bilder,

die eine Abfolge erzeugen.

Aus mir heraus

fließen Worte,

die diese beschreiben.

In mir und aus mir heraus...

Entstehen Geschichten, die

Gedanken und Gefühle

festhalten oder dann

bei meinem Gegenüber

erzeugen.

In mir und aus mir heraus...

Strömen die Gedanken, die

die Worte aneinanderreihen,

die mal schön sind, oder

gar erschreckend wirken,

doch meist empfunden,

geradezu durchlebt.

Ein Nahtoderlebnis, das prägt.

Die hohe, junge Sterblichkeit

der eigenen Familie,

das schmerzt.

Der Verlust einer besten

Freundin durch Ihren Freitod.

In mir und aus mir heraus…

Fließen Ströme gefühlter

Momente, festgehalten durch

das geschriebene Wort.

Das aufgeregt pochende Herz

im Augenblick der frischen

Liebe und der elektrisierte

Zustand des Körpers, bei

der Eroberung derer...

Der Glücksmoment der lang

ersehnten Begegnung, die

langsame, schleichende

Annäherung beider Partner,

der erste Kuss,

schmeckt nach mehr und

wird es auch, bis geradezu

die Lippen wund geküsst sind.

Mal zärtlich verspielt,

dann wild und fordernd...

In mir und aus mir heraus…

Strömt die pure Liebe,

die erhaltene meiner Mama,

die zu meinem Bruderherz und

auch Papa hat nun einen Platz

erneut in meinem Herzen

gefunden und ich trage

Euch mit Würde, denn

noch so sehr ich über Euren

Tod, Abschied, litt, ich bin

dankbar für die Zeit, die ich

mit Euch leben durfte.

Ihr seid in mir

und ich lass' Euch

nie mehr wieder

aus mir heraus!!!

Herzzerrissenheit

Herzzerrissen

schlage ich mich

durchs Leben

Traurige Stimmung im Gemüt,

lässt mich zweifeln

am Alltag des Seins...

Tragisch komische Gedanken

beflügeln zum Weiterleben,

bis der Tod meine Begierde

erlöst...auf natürliche

Art und Weise...natürlich

kann dies noch Jahre

dauern...

Herzzerrissen

schlage ich mich

durchs Leben

Manchmal taucht die

Verzweiflung einfach

so auf, was dann wiederum

eine Kampfansage bedeutet.

Der starke Lebenswille

setzt sich durch...

Herzzerrissen

schlage ich mich

durchs Leben

Herzzerrissenheit,

Bleibt! So lang

die Liebe fern und

der Frust alltäglich ist.

Schmale Grade der

Klippenwanderung

empfiehlt sich nicht

unbedingt... macht

das Dasein dennoch

spannender...

Herzzerrissen

schlage ich mich

durchs Leben

Ich klage nicht

mein Leid, denn

ich lebe es,

fortan in Traurigkeit

meiner tiefen Seele.

Kaum Jemand, der mich

aufzubauen weiß,

was für 'n Scheiß...

Doch ich selbst kann

mich immer wieder

herausziehen aus dem

Schlund der Tragik.

Selbst weiß ich's am besten,

den Schmerz ausgelebt...

noch immer daran glaube,

geradezu festhalte,

nach Höherem zu

streben...

Herzzerrissenheit

Herzzerrissen

schlage ich mich

durchs Leben

Herzzerrissenheit!

Die feinen Unterschiede

Er sitzt auf einer Bank,

wartet auf den Bus und

beobachtet die Menschen:

Er unterscheidet

die Araber von den Türken,

die Griechen von den Spaniern,

die Italiener von den Franzosen,

die Österreicher von den Schweizern,

die Engländer von den Iren,

die Polen von den Russen,

die Inder von den Indios.

Doch morgens, nach dem

Aufstehen, im ersten Blick,

im Spiegel, erkennt

er sich selbst nicht mehr!

Das Ende der Zeit

Die Zeit wollte nicht

länger eine Erfindung

des Menschen sein,

sondern ihren eigenen

Weg gehen.

So begann sie,

rückwärts zu laufen,

bis sie die Jahre

zurückgespult hatte,

an den Beginn

ihrer Entstehung,

ihrer Existenz auf

Erden.

Als Sie die Sekunde Null

erreichte, packte sie ihre

sieben Sachen und verlies

die Erde und machte

sich auf den Weg

in das unendlich zeitlose

Universum...

Dies stürzte die Zivilisation

in ein riesiges

Chaos!

Alle Uhren blieben

einfach seit diesem

Zeitpunkt

stehen!

Verinnerlicht

Glückliche Augen sehen anders aus.

Sie wirken zwar leuchtend, doch

stehen Tränen der Verzweiflung

darin, die nicht rinnen wollen.

Das Herz voller Liebe,

regelrecht am

zerbersten ist.

Der Himmel ganz stimmungsvoll,

erleuchtet das Haupt und

der leise Wind, streichelt

auf der Haut.

Träume sind noch immer

reichlich vorhanden, bis

zur letzten Stund'

werden sie bleiben,

doch wird auch nur einer

dieser auch erfüllt?

Gib niemals auf, erhebe dich,

gehe deinen Weg fort, aufrecht,

wurdest du auch noch

so sehr gebeutelt.

Doch wer, nur WER,

bringt dir dies bei?

Keiner kann sagen, wie

du den Schmerz

verkraftest.

Keiner kann sagen, was

dich irgendwann zerfrisst.

Gib nicht auf,

Kopf hoch, Du

schaffst das!

Manches Mal, frage ich mich,

wofür

das alles

noch?

Es bessert sich nicht

wirklich,

es ist immer wieder

der gleiche Trott.

Dann gibt es Tage,

die einen unbeschwert

durch die Zeit ziehen lassen.

Nein, verdammt…

Ich gebe nicht auf,

denn mir hat mein

Schicksal reiches

Leben

beigebracht

wie ich

zu leben habe

und

ich zum Glück

mein Leben

leben darf!

Blut im Schnee

Eine Schneelandschaft, idyllisch

doch der Schein trügt, denn

Spuren in der weißen Fläche,

erst tropfenweise, die den

Lauf, den Gang schneller

werden lassen.

Tropfen für Tropfen

Schritt um Schritt

nur rote Farbe

im Schnee

Keinerlei sonstige Spuren, nur

Tropfen, die größer werden.

Ein verletzter Vogel, der

darüber flog?

Er stapft durch den

tiefen Schnee, der

Spur hinterher.

Neugierig, nicht ängstlich,

er ist ja schließlich

ein Jäger.

Mittlerweile haben sich die

Tropfen in eine Linie verwandelt

und diese zieht ihre Spur.

Sie scheint noch frisch.

Die Linie wird immer dicker,

er stapft ihr nach und

macht sich so langsam

seine Gedanken wegen

den fehlenden Spuren.

Vor einem Berg macht er Halt,

denn hier endet die Linie, unerwartet,

doch er sucht weiter und

findet eine tiefe Höhle.

Er folgt ihren Lauf und

am Ende liegt ein Engel

mit gebrochenem Herzen

und mit Tränen

aus Blut.

Das Kätzchen

Die Katze mit den tiefen

schwarzen Augenhöhlen, die

irgendwann den Tod bringt,

liegt auf dem Tisch und

sonnt sich ihr Fell.

Ihre Ohren sind wach und

lauschen der düsteren Musik,

die laut aus den Boxen hallt,

um sie zu animieren ihren

todbringenden Weg zu gehen.

Sie ist darauf dressiert,

sich ins Schlafgemach zu

schleichen, den ruhenden

Körper anzuvisieren und

ihm den Kehlkopf heraus zu beißen!

Ab - in die Unendlichkeit

Dem Tode nahe, stieg ich

hinab in die Hölle, doch

der Teufel sagte:

„Dein Herz ist voller Liebe,

versuche es doch bei

meinem Erzfeind."

Ich schwebte empor,

gen Himmel, doch

Gott sagte:

„Du bist noch nicht bereit

für den Tod, gehe zurück!"

So bestreite ich mein Dasein

unter den Lebenden und

erforsche meine Aufgaben,

die ich zu erfüllen habe.

Denn schließlich sollte ein

Sinn erbracht werden, der

übrig bleibt, wenn es

endgültig wird.

Der Kampf ist noch nicht

ganz ausgefochten, denn

schließlich führte mich

der erste Weg geradezu

in die Hölle.

Also heißt es nun brav sein,

wiedergutmachen, dass,

was bis jetzt

verbockt wurde.

Meine Ahnen vor Augen,

als Ziel gesetzt, sie

wieder zu sehen,

ihnen zu begegnen,

zu ihnen zu gehören,

für immer!

Unsere Seele ist

grenzenlos und zeitlos,

sie schreitet ihren Weg

immerfort voran,

damit wir erhalten bleiben

auf Ewigkeit!

Die Eieruhr

Die Eieruhr tickt

vor sich hin,

laut und schnell,

tick, tick, tick, tick...

Meine Katze schleicht sich,

durch das Ticken angelockt,

von hinten heran,

nähert sich gemächlich

...und...

ZACK!

schlägt sie mit der

Pfote drauf.

Vor Schreck hört das Ticken auf.

Engelstränen

Spüren die Engel den Schmerz der Welt und

Sie merken, sie können daran gerade

nichts ändern, zerfließen sie in Kummer,

fangen bitterlich zu weinen an und

jeder Tropfen, der zu Boden fällt

ist so rein und klar, wie

die Seele der Engel,

dass irgendwann einmal

daraus Diamanten

entstehen,

weshalb

der Edelstein

so wertvoll ist

und so verehrt und

geschätzt wird.

Das Liebeslied mit dem Tod

Ich sang eines Tages

gemeinsam mit dem Tod,

ein Liebeslied.

Wir kamen auf einen Nenner,

denn auch eine Liebe kann

zu Grunde gehen

und sterben.

Der Tod besang seine Liebe

zur Dunkelheit und

zum Seelenschmerz, dem

er Erlösung bringt.

Ich sang meinen Vers

von meinen lieben

Hinterbliebenen, die

der Tod einst holte…

Doch er sprach:

„Bei mir sind sie

noch in Erinnerung,

es tut mir leid um

diese Tragik!"

Dann stimmten wir gemeinsam ein…

„…der Tod muss sein!

Wie das Leben einem

einst geschenkt,

so geht es

irgendwann hinfort…

ja, ja, ja… es lässt

sich nicht vermeiden

der Tod gehört

zum Leben dazu,

wie auch der

Frohsinn und

die Liebe!"

Der Tod lebt

Wäre der Tod, tot,

würde es nur noch

Leben geben...

Somit ist der Tod

unsterblich,

allgegenwärtig,

fortdauernd,

beständig...

...bis der Tod

das gesamte Leben

mit sich riss...

um schließlich

seinen Sinn zu verlieren!

Einsam ist die Nacht

Die Nächte sind kurz,

die Tage beginnen lang

vor dem Morgengrauen.

Freude beherrscht die Stimmung

über das zu Erlebende am

nun endlich erwachenden Tag.

Es gibt viel zu erleben.

Ereignisreich und mit viel

Abwechslung gestaltet er sich.

Doch gegen Abend schleicht sich

Unmut ein, geradezu verzweifle

ich an meiner Einsamkeit.

Ist doch niemand da, mit dem

sich das Erlebte teilen lässt.

Also wofür dann all dies?

Ja klar, für mich.

Doch ich mag nicht mehr

nur für mich leben.

Die Sehnsucht ist wahrlich

kaum noch auszuhalten,

nach Zweisamkeit...

Dies ist's, was mich bedrückt,

geradezu gegen Abend

erdrückt, niederschlägt.

Fragen stelle ich dann mir,

wie lang das noch auszuhalten

ist, durchzustehen gilt?!

Darum wache bei Nacht

recht aufmerksam

auf mich,

denn

ich

brauche

Dich mein

Engel der Nacht!

Durch die Flammen gesehen

Durch die Flammen

bin ich gegangen,

habe sie überlebt,

am Ende des Tunnels

wartete das Leben

auf mich.

Durch die Flammen gegangen,

voller Konzentration, stand

ich in Flammen, wollte mich

auflösen, dematerialisieren,

um am Ende der Aktion, mich

wieder zusammen zu fügen

und wieder zu erscheinen!!!

Am Ende des Tunnels,

wartete das Leben

auf mich, doch in Form

von vollkommenen

Schmerzen, schwerster

Verbrennungen…

Durch die Flammen

habe ich gesehen

und vor Augen

den Tod verspürt,

vollen Bewusstseins

und abnormalen

Schmerzen!

Überlebt, na klar!

Kalkuliert war, dass

ich am Leben bleibe.

Die Rechnung ist mit

einigen Einbußen

aufgegangen…

Doch nun frage ich mich:

„Wofür der ganze Scheiß,

um danach am

Seelenschmerz zugrunde

gerichtet zu werden?!“

Echt kein Bock drauf,

wahrlich nicht!

„Ihr meint, dies ist ein

kritischer Zustand?“

Dann irrt Ihr Euch,

denn die Nacht hat

gerade erst

begonnen,

die Nacht, die

immer Frust mit

sich bringt.

Kampfgerüstet werde

ich sie ketten rauchend

schon überstehen.

Meine Nachbarn müssen

leiden, da immer wieder

mein Lieblingslied in

voller Lautstärke

nach und nach

immer wieder

läuft!

Kampf der Nacht,

dass meine Familie

über mich, bitte, bitte

wacht!

Herzlichen

Dank

Ihr Lieben

Jetzt

Dort, wo es einst grünte,

herrscht nun der Sand.

Dort, wo einst Land war,

regiert jetzt das Wasser.

Dort, wo einst Wald stand,

überwiegt jetzt der Beton.

Dort, wo es einst eine Ozonschicht gab,

vermehren sich jetzt die Krankheiten.

Dort, wo einst Gletscher waren,

ist jetzt eine gähnende Schlucht und Geröll.

Dort, wo einst saubere Luft war,

fällt jetzt saurer Regen.

Dort, wo einst der gesunde

Menschenverstand war,

herrscht jetzt Ignoranz.

Mit Ihm

Wir gehen tagein, tagaus

Hand in Hand,

er läuft neben uns her,

Minute für Minute.

Sein Schatten verfolgt dich,

tagaus, tagein,

Stunde für Stunde,

Tag um Tag,

rückt er einem

dichter auf den Pelz.

Wir gehen Hand in Hand,

die Jahre ziehen vorüber und

eines Tages heißt es,

ihm in die Augen zu sehen,

zu wissen die Zeit

ist gekommen,

allein, allein, allein.

Ein Lächeln im Gesicht,

dass die Angst unterdrückt,

da musst du jetzt durch,

allein, allein.

Das Herz schlägt leise,

setzt aus,

einsam

und allein.

Schwerer Atem

In den geistigen Fängen

meines geliebten Bruders,

durch seinen Musikgeschmack

beflügelt, er in mich kehrt.

Zauberhafte Gedanken durchfließen

meine Gedanken, seines Seins.

Du lachtest gern, auch laut.

Du hattest auch ein bitterliches

Weinen, wenn du innerlich

verletzt wurdest.

Im Herzen trage ich dich nun,

umso mehr Liebe strahlt es aus.

Ich muss es nur wollen, den

Tag zu schätzen, ihn mögen.

Sage mir doch, wie schafftest du

jeden Morgen dich aufzurappeln,

die Neugier geweckt für das Neue,

im Leben zu stehen, dich beweisen.

Ich versuche es ja auch, doch im Moment

ist's doch nicht gerade leicht.

Irgendwann steh' ich wieder auf

und bin fast ein anderer Mensch,

schöpfe Kraft und trage

mein Leben fort.

Gewitterbewölkt

Unruhe peitscht der Sturm auf,

regelrecht waagerecht regnet es.

Die Bäume schlägt es hin und her,

ein Rauschen geht durch die Blätter.

Kalte Luft beherrscht den Tag.

Es ist nicht angenehm,

einen Umzug durchzuziehen.

Es ist nicht angenehm, an

einer Beerdigung teilzunehmen.

Es ist überhaupt unangenehm,

draußen sein zu müssen.

In der gemütlichen Stube sitzend,

das monströse Schauspiel beobachtend,

Musik alter, gelebter Zeiten hörend und

herumgrabend in diesen,

fliegen die Gedanken dahin,

dorthin, wohin sie mich

nur führen mögen.

Es könnte sein,

dass eine Träne fließt

oder ich in mich

hinein lächle.

Dass das auch einmal gesagt wurde

Dann ist es aus, dann

habe ich's hinter mich gebracht,

mich aufrecht gehalten,

bis hin zum Schluss,

dem Ende aller Gefühle,

in die Dunkelheit gegangen,

Abschied genommen

vom Leben.

Danke, für die Zeit, die

ich hier verweilen durfte,

Dank dem Schmerz, der

ertragen wurde und der

Liebe, die ich erfuhr.

Dank auch für die Lieben,

denen ich begegnen durfte

und für die Zustände, in denen

ich mich befand.

Ich verabschiede mich von all denen,

die mir in Erinnerung sind,

auch von denen, die mich

irgendwann vergessen.

Ein harter Weg

Wieder einmal zieht es mich dahin,

auf die andere Seite des Lebens.

In die magische Welt der Sphäre,

in die Antipathie des Daseins,

in die Welt des Fallens,

in die Sinnlosigkeit.

Kraft verspüre ich in dem Drang,

mich dem Gegenüber zu stellen,

dem, was fassungslos erscheint,

im tiefen Grunde zu wühlen,

was die Seele erträgt.

Erlebt doch ein Jeder

sein Ende und mit ihm

in den Tag.

Jeden Tag ein Stück näher,

näher am Tod.

Tränen des Abschieds fließen,

teils Tränen der Freude über

die gelebte Zeit, innerlich

gefeiert wird sie gar; tief

im Herzen das Leben strömt,

doch sinnlos erscheint

die Lage, kein anderer Weg

möglich. Aussichtslos.

Jetzt heißt es sich zu stellen,

aufzuräumen, alles mit sich

ausmachen, jedes Gefühl

eingestehen, mit sich

abzurechnen, bis du

deine innere Seele

vor Augen siehst.

Jeden Tag ein Stück näher,

näher am Tod.

Der Schritt ist nicht einfach;

wer tritt schon gerne ab?

Freiwillig ins Ungewisse,

was folgt? Währenddessen?

Welcher Weg wird gewählt?

Wer entscheidet, wo du landest?

Wird dein eigenes Urteil

dem gerecht?

Ein Hoffnungsschimmer

flammt auf: Doch nur noch

einmal seinen Traum

erreichen, all die Ideen

verwirklichen können,

einmal im Leben etwas

erlangt zu haben,

einen bleibenden Eindruck

hinterlassen.

Ein Moment rückt näher,

näher ans Leben.

Schmerzen werden bis zu

einem bestimmten Grade

ertragen, diejenigen, die

die Seele erreichen, sind die,

die in Erinnerung bleiben.

Schmerzen des Körpers

sind belastend.

Musik durchströmt den Geist

und lässt ihn schweben, in

die Welt der Träume,

fernab jeglicher

Realität, beflügelt

die Sinne, hinein

in die Fantasie.

Jeden Tag ein Stück näher,

näher zum Leben.

Jede Wunde an meinem Körper

trägt eine verlorene Seele,

die um Hilfe ruft, doch

ich trage sie im

Verborgenen,

umgeben bin ich

von Ihnen.

Nicht jedem ist es vergönnt

in die Unendlichkeit

zu blicken, an allen Seelen,

die emporsteigen, wandernd

an der Sonne vorüberziehen,

sich als Sterne verabschieden,

winkend Jahrhunderte lang,

doch bleiben im Gefühl erhalten

und helfen weiter

Tag um Tag.

Jeden Tag ein Stück näher,

näher in das Leben.

Spürt Ihr, was Ihr fühlt?

Egalität

Egal, wo ich lebe.

Egal, was ich schreibe.

Egal, was ich denke:

Egal, was ich fühle.

Egal, wie ich mich entwickle.

Egal; wie tief der Schmerz ist.

Egal, ob ich stark bin.

Egal, was ich liebe.

Egal.

Das Sphärennetz

Es wird in der Gefühlswelt bereist,

Gedankenzüglen durchlaufen es.

Es reguliert sich völlig selbstständig.

Bist du anwesend, so bist du ein Teil

von ihm. Es ist dazu da, dich

glücklich zu sehen.

Steckst du einmal fest,

gefangen deines Selbst,

so hilft es dir heraus.

Du vergibst dir,

auch denen, die dir

Leid zufügten.

Ein Jeder hat etwas mit sich

auszumachen und Jeder hat

seinen eigenen Gott.

Du spürst, du bist nicht allein,

du weist sie fühlen mit dir, sie

denken deine Gedanken mit und

setzen sie gleich um.

Sie kommen in der Gefühlswelt an,

beim Lebensgefühl

der Engel

Für meine Seele

Ich muss wieder mehr

auf mich aufpassen,

dass die Narben nicht

zu tief geraten, die

ich mir immer wieder

selbst zufüge!

Ich muss mir selbst

Mut zusprechen, nicht

das Böse in mir

ausbrechen lassen.

Meine Lebenseinstellung

gehört der Liebe.

Doch wohin damit?

Oft genug trete ich

mir selbst auf die Füße,

nehme Rückschläge

in Kauf

Doch Frust bringt

nicht weiter, also

aufstehen, aufatmen

und Ziele in

Angriff nehmen.

Der, der mich aufhält,

das bin doch

ich!

Kurz vor Mitternacht

Klangdurchflutet ist der Raum

in dem ich sitze und erfülle mir

insgeheim zum Geburtstag,

ganz allein meinen lang gehegten

Traum: Einer sein zu dürfen,

von der Warte, einer, der durchs

Schreiben leben kann.

Ich sehe da ein Lab-Top fein,

auf dem ich festhalten und gar

bearbeiten kann, was so grazil

verfasst, auf dem Papiere stand.

Ich sehe einen Künstler, der

mein Geschriebenes ins

optische verwandelt,

somit illustriert,

wie mein Bruder es

für mich tat.

Auch stelle ich mir

einen kleinen Garten

für meine Katze zum

austoben vor.

Vergangenheiten, durchlebte Zeiten,

in denen ich im Wahne schon, mich

am Schriftstellerhimmel sah und

immer wieder einstecken musste,

da es Größenwahn ja war.

Ich schreibe mir selbst

den Mut zu, den ich brauche,

manches Mal kotz ich mich aus

nach Herzenslust und verarbeite

den so genannten Lebensfrust.

Ich schreibe mir selbst

zum 38. ein Gedicht,

das im Endeffekt

doch jeder lesen

kann.

Bücher werden folgen,

kommt die Zeit, dann kommt

auch der Rat.

Zu guter Letzt sei erwähnt,

dass am nächsten Morgen zwar

der Traum nicht erfüllt,

aber doch intensiv

taggeträumt wurde.

Besiegelte Sache

Ich ließ einen Menschen sterben,

ich zerquetschte ihn, wie eine Made,

lies ihn im Dreck verrecken und

nach und nach verrotten.

Genau den Menschen,

den ich nicht mochte,

gar hasste aus dem Innersten,

er ist jetzt Schall und Rauch,

nicht mal das, es ist nichts

mehr von ihm vorhanden,

nicht mal einen Gedanken

verschwende ich an ihn.

Es ist das

alte Ich,

das

in mir schlummerte,

das Böse, das

mir nur

Schmerz

beriet.

Familienengel

Als deine Seele deinen Körper verließ,

bist du entronnen dem Hier und Jetzt.

Du suchtest nicht lang und fandst,

im Wandel deines Seins,

ein neues Paradies.

Du triffst auf dir wohl gesonnene Vorfahren,

unsere Mama hüllt dich liebevoll,

und führt dich in die neue Welt ein.

Du fragst nicht, denn du spürtest,

es ist jetzt das wahre Sein.

So glücklich warst du selten

auf Erden, dein neues Reich

erfüllt dir die Träume, die

du schon immer hegtest.

In Liebe und Wärme

geborgen im Schoße

der Frucht.

Ich starre gen Himmel

und fühle Dich,

der neu geborene

Engel, der

mich

beschützt

und

behütet.

Dein auf Ewigkeit Dich

liebendes, kleines

Bruderherz

An Dich

In Deinem Haus herrscht

der Terror, das Böse.

Es gilt, Dir das auszutreiben,

Deinem Treiben ein Ende

zu setzen, Dir vermitteln,

was es heißt

zu leben.

Also stirb und

gehe mit Dir selbst

in den Tod,

Du bist

bereits tot

Du

TOD.

Meine einzig wahre Liebe

Als ich Dich das erste Mal erblickte,

schrie ich es heraus: „Ja ich lebe jetzt,

dank Dir. Jetzt spüre ich einen starken

Willen, Dich zu begehren."

Du bist bizarr, wunderschön, wild,

unergründlich, rätselhaft, kraftvoll,

beneidenswert, vielseitig, kreativ,

geschmackvoll, zart, zierlich, unglaublich,

bezaubernd, respekteinflößend, genügsam,

anpassungsfähig, grazil, schöpferisch,

melancholisch,

manches Mal nicht gerade fair,

mörderisch, zerstörerisch,

selektierend, vernichtend, bösartig,

liebevoll, vermehrend, ausdauernd,

sprachlos über das, was auf Dir

passiert.

Du beherbergst auch mich,

sorry, dass ich ein Mensch bin,

doch eines verspreche ich Dir:

Falls Du einmal

untergehen solltest,

ich bleibe bis zum

bitteren Ende an

Deiner Seite,

meine geliebte

Mutter

E R D E!

Nicht an irgendwen

An denjenigen, wer auch immer

dies lesen mag, kann mal sagen:

„Das habe ich doch schon irgendwo

einmal gelesen."

An denjenigen, der diese Zeilen

verwehrt, sei gesagt, er könne nicht

sagen, er habe nichts verpasst.

An denjenigen, der sich wiedererkennt,

sei gesagt, er hat schon einmal

ähnliches erlebt.

An denjenigen, der selbst schreibt,

sei gesagt, er wird seinen Weg finden,

Gedanken in Worte zu fassen.

An denjenigen, der sich selbst bedauert,

sei gesagt, daran sollte er etwas ändern.

An denjenigen, der Musik zelebriert,

sei gesagt, er solle sich ruhig treiben

lassen, beflügelt von seiner Stimmung.

An DJ-TAUCHER und Friends,

die mir durch die Nacht halfen.

Abgefahren

Ein älteres Ehepaar

kommt nach Hause.

Er geht auf den Pot, sie

schaltet den Fernseher ein.

Auf einmal beginnt die Frau

das Schreien an und ruft

nach ihrem Mann.

Er stürzt hektisch

ins Wohnzimmer

und sieht seine Frau

kreidebleich.

Auf dem Bildschirm sind

Beide zu sehen, wie sie aus

dem Theater kommend, in

ein Taxi steigen und

losfahren.

Es rollt durch den Regen

über eine Landstraße, bis

es in einen schweren

Verkehrsunfall verwickelt

wird.

Das Ehepaar sieht sich verdutzt an:

„Was machen wir hier?"

Würdest du . . .

Würdest du akzeptieren,

dass ich kaum fröhlich bin,

dass ich morgens erstmal zum Kaffee

zwei Zigaretten rauche, bevor ich auf den Pot gehe,

dass ich Fingernägel kaue,

weil es nicht anders geht,

dass ich mich nur einmal die Woche rasiere,

dass ich mir die Haare bis zum Arsch

wachsen lassen will,

dass ich nicht viel rede,

dass ich Streit aus dem Weg gehe,

dass ich in vielen Dingen ein loser bin,

dass ich wenig Geld zur Verfügung habe,

dass ich in einem leichten Chaos lebe,

dass ich in einigen Dingen nicht der Hellste bin,

dass ich einen an der Klatsche habe,

dass ich meine Mutter liebe, die seid

über zehn Jahren tot ist,

dass ich noch vor einem Jahr einen Lieblingsbruder

hatte und er der Einzige war,

dass ich keinen Kontakt zu meinem Vater habe,

seit ich das letzte Mal im Knast war,

dass ich wenige Freunde habe,

dass ich ein Gefühlsmensch bin,

dass ich Tiere mag,

dass ich mal Gärtner war,

dass ich ein Einzelgänger bin,

dass ich seit über zwei Jahren mit

keiner Frau zusammen war,

dass ich, wenn es einmal zwischen uns

gefunkt hat, ich dich ganz und gar will,

dass ich dann, wenn ich schlafe von dir träume

und wenn ich wach bin, dann auch,

dass du dann im Herzen bist und nicht

mehr herausfallen kannst,

dass ich dir meine Liebe zeige, sooft ich kann?

Würdest du akzeptieren,

dass ich mal ein Dieb war,

dass ich in der Psychiatrie lag,

dass ich Selbstmordgedanken hatte,

dass mich die Politik kalt lässt,

dass ich meinen Müll trenne,

dass ich rauche,

dass ich gern SMS verschicke,

dass es mir manchmal zum Heulen zumute ist,

dass ich Bücher besitze, deren Inhalt ich

nicht mehr weiß,

dass mir der ganze Frust auf der Seele liegt,

dass ich Angst um die nächsten Generationen habe,

dass ich ein paar Schulden habe,

dass ich ein Kavalier alter Schule bin,

dass ich mir nur sehr ungern die Zehennägel schneide,

dass ich dick bin,

dass ich mittlerweile drei Zahnlücken habe,

dass ich im Gesicht gepierct bin,

dass ich tätowiert bin,

dass ich keine Ideen mehr habe, was das Kochen betrifft?

Würdest du mich lieben, mit den

ganzen Macken am Arsch?

Dann suche mich,

du wirst mich

irgendwo

finden.

Im Trübsinn, Leidende

Leid aus der Vergangenheit

beherrscht die Traurigkeit

im Hier und Jetzt.

Es ist nicht zu überwinden,

was der Seele angetan.

Monotonie der Gedanken,

eingefroren die Gefühle

doch sind.

Das Herz schlägt zwar weiter,

doch aus welchem Grund?

Ich will, dass es dies sein lässt,

mich nicht mehr quält!

Es ist eh, wie aus Stein . . .

Niemand, der mir nachtrauert,

jedenfalls wünsch ich's mir.

Also lass mich gehen,

egal wohin, aber

fort von hier, ich möcht

raus aus mir,

denn ich ertrage es

keinen Tag länger.

Nimm mich mit

in deine Zukunft,

es kann nur

besser werden.

(als ich Kathi das letzte Mal sah)

Für eine Freundin, die sich verabschieden wollte

Die Tränen, die du andauernd zeichnest,

werde ich weinen, wenn du Abschied nimmst.

Du gehst mir verloren,

verloren hast du dich,

Du willst nichts mehr mit dir

zu tun haben, aufgegeben

deinen Kampf für die Zukunft.

Lauf nicht zu schnell,

von dir kommst du nicht los.

Ich trage deine Freundschaft

in meinem Herzen und möcht

dich aufbauen, so gut ich kann.

Deine Stimmung ist traurig,

ich grenzte mich davon ab.

Du sagst, du hast dir

eine Scheinwelt aufgebaut,

das warst nicht du,

doch in ihr hast du überlebt.

Also bau dir nun eine Realität auf,

die dich zufrieden stimmt,

in der du auch Glück fühlst,

das auf dieser Welt vorhanden.

Dein Weg führt dich dahin,

denn du trägst Liebe in dir,

die auch für andere gedacht

übermittelt, Freude bringt.

Du kannst einen Weg einschlagen,

auf dem du etwas hinterlässt.

Du wirst nicht die Fehler begehen,

die dir bereits aufgezeigt.

Du lernst daraus und wandelst

es um in die Gutherzigkeit.

Glaube mir, es lohnt sich

immer und immer wieder

aufzustehen, Kraft

sammeln, zu kämpfen.

Das Leben ist zu wertvoll,

nicht gerade leicht,

aber doch öffnet sich

eine Welt, die den Traum

irgendwann einmal

wahr werden lässt.

Verabschiedung

Meine letzten Streicheleinheiten

werden von unzähligen Fliegen stammen,

die durch den Verwesungsgeruch angezogen,

auf meinem Körper herumspazieren.

Es ist ein Kribbeln,

das durch und durch geht,

wie einst die Frauenhände

meine Haut verwöhnten.

Zum endgültigen Höhepunkt

wird mich das nun nicht mehr bringen,

aber es ist beruhigend, im letzten

Moment, nicht allein zu sein.

Die Fliegen um säuseln meinen

dahinscheidenden Körper,

flüstern mir Worte zu.

Auch wir werden irgendwann

einmal folgen, unser Leben

ist viel kürzer

als deins.

Wir wünschen eine gute Reise

in eine bessere Welt,

denn deine Schmerzen

sind nun überstanden.

Du bist nicht vergessen

Der Braten duftet aus dem Ofen,

die Magie der Musik fließt in mir.

Ich spüre, dass auch du mich vermisst,

deine Energie wallt in mir, wenn

ich so intensiv an dich denke.

Es lässt auch nicht meine momentane

Zufriedenheit gefrieren, im Gegenteil,

sie wächst von Minute zu Minute.

Ich bin zwar traurig, wenn ich

dieses bestimmte Stück höre.

I miss You, I miss You, I mihiess You . . .!

Jetzt bist du schon ein ganzes Jahr fort,

und es berührt mich, als wäre es erst vor

kurzem geschehen, plötzlich und unerwartet.

Dich nicht mehr in die Arme zu schließen,

kein Austausch der Gedanken und Gefühle möglich.

Kann es sein, dass ich den Schmerz

zu sehr an mich heranlasse und

ihn gar auslebe?

Ich bilde mir gerne einmal ein,

dich fühlen zu können.

I miss You, I miss You, I mihiess You . . .!

Du bist doch ein Teil von mir,

also trage ich dich an meiner Seite,

ein Teil deiner Gene sind vorhanden.

Du verliehst dem Papier deine Bilder,

ich schreibe nieder. Wir ergänzten uns

in einer unglaublichen Art, es ging

fließend ineinander über.

Nichts ist verloren

Es geht nicht darum, dass die

Welt einen Helden benötigt, der

dem Treiben der Politik

ein Ende setzt.

Es geht darum, weltweit zu denken,

daran, was mit dem Planeten

geschieht, wer ihn regiert und

beherrscht.

Der blaue Planet beherbergt

das Leben, das Leben, das darauf

gelebt wird und das Leben,

das darauf gelebt wurde.

Nichts geht verloren.

Ich spüre euch, ihr treuen Seelen

vergangener Tage, ihr helft mir, wo

ihr nur könnt, doch manches Mal

ängstige ich mich davor.

Ihr sprecht zu mir in deutlicher Form,

ich offenbare euch meine Seele und

ihr könnt mich verstehen.

Wir sind füreinander geboren

und sind für immer vereint.

Jeder trägt sein eigenes Dasein

in die Welt hinaus,

jeder prägt das Leben mit

seiner eigenen Erfahrung.

Jeder ist für jeden da.

Nichts geht verloren . . .

Das Leben an sich kann hart und

undurchschaubar sein, doch

rettet einen die Liebe, die

das Herz in sich trägt.

Jeder ist ein Teil des Ganzen,

dem Ganzen, das unendlich ist.

Der Schatz am Ende des Regenbogens

Der Blick richtet sich gen Himmel,

ein fabelhaftes Schauspiel der Natur

überflutet ihn, eine Farbenpracht

unsäglicher Schönheit.

Hinter mir die Sonne,

ich stehe im Regen

lasse ihn auf mich prasseln,

umschließe mit meinen Händen

mein Gesicht vor Wonne,

dahin zu streben, bis hin

zum Ende des

Regenbogens.

Ich beginne das Laufen an,

renne, springe, taumle. . .

Das Herz rast vor Spannung,

was erwartet mich dort?

Ich weiß, es wird ein unerschöpflicher

Reichtum in meinem Leben sein . . .

Die Farben werden immer deutlicher,

die Farben werden immer gewaltiger,

ich weiß, etwas wartet auf mich.

Die Spannung wächst,

der Körper zittert,

das Herz pocht bis zum Halse.

Ich komme, bitte, bitte geh' nicht fort.

Der Regen lässt nach

die Farben schwinden.

Ist's nur wieder so ein Traum,

den ich sinnlos verfolge?

Im leichten Nebel, ganz hinten

eine Gestalt, die wartet.

Ich nähere mich,

die Form wird deutlicher,

Du hältst die Arme offen

und empfängst mich

denn Du bist

der Schatz, den

ich suchte.

Beobachtungen der Stille

Die Alleebäume umgrünen den Weg

und lassen ihn getunnelt wirken.

Ein kleiner Kanal, umpflastert mit Granit,

fließt entlang der gotischen Kirche,

aus der zwei Rucksacktouristen

heraus schlendern, Hand in Hand.

Am Kanal lange Stufen aus Stein

hinab führen, auf deren drei, Enten

im Schatten ruhen und an dem

Lindenstamm eine Amsel eine

rote Beere im Schnabel trägt,

emporfliegt zum zwitschernden Nest.

Eine Katze, schwarz-weiß, auf

der Türschwelle hockt.

Der Wind fegt kräftig,

wehend in die Haare.

Auf dem Rückweg

bemerke ich, ich

mag einfach

keine

Fremden.

Kneipentour

Der Horizont schwarz gefärbt,

die Sinne sind völlig betrübt, am

Rande der Besinnungslosigkeit,

sind die Sterne wolkenverhangen,

die Kneipenluft total verraucht.

Ein Lächeln trifft auf ein anderes,

setzt einen Stimmungswandel

in Gang und Blicke blicken umher,

bis sie starr verweilen und

fixieren den Augenblick.

Worte wechseln das Gehör,

dringen hoch in das Gehirn,

werden mehr oder weniger

verarbeitet und dazugelernt

vielleicht.

Im Grunde ist jeder Tag anders

und beginnt täglich von neuen.

Ereignisse in Erwartung . . .

Fragen stellen sich

immer wieder neu, die

auf Lösung

warten.

Computergehirne

001 0001 0001 00 01 10 1100 0101100101

00001 001 111110 010101010 10100 11000

Ich weiß nicht, was ich da jetzt in PC-Deutsch

niederschrieb, könnte sein, dass es

Wörter oder Sätze sind,

Bilder, Filmsequenzen, Farben,

Schnipsel, ein Gedanke, Pixel immerhin,

oder einen Befehl, oder eine Antwort,

ein Spruch, oder ein Widerspruch,

ein Vers, nein verdammt ein Reim,

eine Quelle, oder einen Vulkan,

einen Traum, oder einen Filmriss?

Computerexperten dieser Welt,

entschlüsselt doch mal bitte

diese Codes, aber Ihr werdet

es nicht schaffen, denn

es kam aus dem

Gefühl!

Sphärennetzbrunnen

Er leitet seine Gedanken

ins Netz. Ein bestimmter

Computer steht bereit,

im Netz surfend, der

die Gedankenflut auffängt

und in einen

Wassertropfenbrunnen, der

in Schwingung gerät und

Worte und deren Gefühl

darstellen und

übermitteln

kann.

Der Buslenker

Er dreht seit Jahren zuverlässig seine Runden,

von Haltestelle zu Haltestelle.

Die Leute steigen ein.

Die Leute steigen aus.

Eltern mit ihren Kindern, Schüler, Opis, Omis,

hübsche und weniger hübsche Menschen, alle,

die kein Auto fahren.

Menschen, die zur Arbeit wollen oder

von der Arbeit kommen.

Eines Tages, der Bus halb voll,

auf einer geraden Stecke:

Die Ampel steht auf Rot.

Jetzt müsste er langsam mal

vom Gaspedal gehen und bremsen.

Im Gegenteil, er tritt aufs Gas und

überfährt die rote Ampel.

Nichts passiert, kein Wagen im Weg.

Eine Kurve folgt, er rast hindurch.

Die Leute im Bus bekommen es mit

der Angst zu tun, sie schleudert es

regelrecht mit durch die Kurve.

Ein Auto voraus, langsamer.

Er setzt zum Überholen an,

der Gegenverkehr muss

ausweichen,

gerät auf den Bürgersteig,

Menschen rennen auseinander.

Der Buslenker fährt Amok durch die Stadt.

Die Bullen sind bereits alarmiert,

er wird über Funk angesprochen,

aber er ignoriert die Gespräche

und schaltet ab.

Keiner weiß, was in ihn gefahren ist.

Wahrscheinlich er selbst auch nicht.

Eine Straßensperre durchbricht er

mit Leichtigkeit.

Schüsse fallen, die ihn verfehlen.

Irgendwann verlässt er die Stadt,

ein Helikopter begleitet ihn.

Er fährt auf einen Feldweg

in den Wald, dort hält er und

steigt aus, holt tief Luft:

"Das tat gut. . .

. . . die Macht zu spüren."

Die Fahrgäste erholten sich

von dieser Irrfahrt.

Er wird in die Psychiatrie

gesteckt und darf nie wieder

einen Wagen fahren.

Auf Entzug im Zug

Das war schon nicht mehr lustig:

Dazusitzen im Abteil, schweißgebadet,

aber innerlich gefroren,

Schmerzen in den Knochen,

die Kotz-Gefühle im Hals,

keine klaren Gedanken,

sondern nur die Fahrt

überstehen, bis es wieder

Nachschub gibt.

2 ½ Stunden standen vor mir.

Die Schaffnerin fragt, ob

ich einen Arzt benötige,

was ich verneine, mir sah man

das leidende Elend an.

Die Schaffnerin kam des Öfteren,

um nach mir zu sehen, erkundigte

sich, wohin es denn gehen sollte.

"Ich schaff das schon, nur eine Nase,

eine Line und der Spuk hat ein Ende.

Innere Unruhe quälte mich,

die Zeit verging überhaupt nicht.

"Warum musste ich auch so lange

damit warten, Neues zu holen."

An der Kohle lag's nicht, die war

reichlich vorhanden, aber nicht

das Vorausplanen, daran zu denken,

was kommt danach?

Nie daran gedacht, ärztliche Hilfe

anzunehmen, Entgiftung oder gar

eine Langzeittherapie.

Ich war Drauf, abhängig, im

tiefsten Sumpf, machte mir

ständig etwas vor.

Das Leben wurde bestimmt,

durch die Droge.

Nichts hatte ich in der Hand,

nur noch das eine:

Der langsame Weg in die

SELBSTVERNICHTUNG!

Der Zug rollt in den

Zielbahnhof ein.

Der gewisse Treffpunkt

ist schon geklärt.

Ich schleppte mich die Treppen runter,

ich schleppte mich die Treppen rauf,

ab, in die richtige U-Bahn, ein paar

Stationen, alles wird gut.

Das Risiko erwischt zu werden,

verschwende ich keinen Gedanken dran.

Der U-Bahnhof ist fast leer.

Der Typ im weißen Pullover steht bereit,

die Übergabe klappt.

Ab zurück, zum nächsten Klo und

das Gefühl der Erleichterung

spüren, wie sich der Stoff

im Körper ausbreitet und

alles ist überstanden.

Nicht ganz, die Rückfahrt

steht an, mit 'ner Menge Zeug,

alles Eigenbedarf,

am Mann.

Niemand bekam mich am Arsch,

am Arsch mit dem Zoll,

mit den Bullen

und sonstigen

People.

Ich weine leise

Wenn mir nahestehende Freunde

in Schwierigkeiten sind, dann

setzte ich mich mit ihnen

zusammen und rede

in Ruhe mit ihnen,

höre mir

ganz neutral

beide Seiten an,

lasse meine Gedanken

einfließen, versuche zu beruhigen,

gehe nach Hause, Tränen rinnen in Bächen.

So wünsche ich mir,

ich nehm' ihnen den Schmerz,

den sie erleiden, ein wenig von ihrer Seele

und stelle mich gestärkt der nächsten Herausforderung.

Der Posträuber

Anfangs brach er pünktlich

zur vorweihnachtlichen und

zur vorösterlichen Zeit, die

gelben Postkästen auf, auf

der Suche nach Geld.

Er wurde nicht gerade reich,

aber war zufrieden mit

seiner Ausbeute.

In seiner Wohnung stand

ein großer Kachelofen,

darin verbrannte er

die Briefe.

Eines Tages stach ihm ein

wundervolles Schriftbild

ins Auge und er begann

zu lesen, fremder Leute

Gedanken, Gefühle, Probleme.

Er begann die Briefe

regelmäßig zu lesen,

begann sich in ihre

Situation rein zu versetzen.

Nach einiger Zeit begann er

anonym auf Briefe zu antworten,

entschuldigte sich für den Diebstahl.

Das Geld wurde nebensächlich.

Zum Schluss sah er seine Frechheit ein,

stoppte das Stehlen, vermisste das Schreiben

an Fremde und suchte sich Brieffreunde.

Eine Träne quält sich
aus meinem Augenwinkel,
die von Erinnerung erzählt

Eine Melodie von Traurigkeit

Die Gedanken fließen
stromabwärts und treiben
aufs offene Meer.
Sie umspülen eine Insel,
die für kurze Zeit
Halt bietet.

Der Traum schöpft
Hoffnung, geblendet
von einer scheinbar
unberührten Natur.

Doch abgetaucht in die
Tiefen des Meeres
sendet der letzte Wal
Signale, auf der
vergeblichen Suche
nach Seinesgleichen.
Die Töne sind so
durchdringend, sie
schreien in die Welt
hinaus.

Er empfindet keinen

Hass, sondern singt
eine uralte Fabel,
in der es noch
keine Menschen
gab.

Was nützt es denn
aufzutauchen,
zu kämpfen,
zu träumen,
wenn das Leben
einem Wasserfall
gleicht
und alles
nur bergab geht…?!
… mit der Melodie
von Traurigkeit
im Kopf.

Wie begrüße ich einen Tag?

Sage ich guten Morgen

zur vergangenen Nacht?

Werfe ich ein "Hallo"

der Morgenröte hin?

Bete ich, zu wem auch immer:

Bitte, bitte schenk mir Kraft?

Spendiere ich dem Klatschen

der Wellen einen Applaus?

oder

Brülle ich dem Maschinenlärm

entgegen, er solle endlich

Ruhe geben?

Ihr Würmer, ihr Ratten, ihr Mücken,

ihr Zecken, ihr Quallen, ihr Fische,

ihr Kröten, ihr Vögel, ihr Katzen,

ihr Milben, ihr Muscheln, ihr Schnecken,

ihr Bäume, ihr Sträucher, ihr Farne,

ihr Kräuter, ihr Blumen...

…vor allem Du Sonne,

ihr Wolken, ihr Winde

seid gegrüßt;

genießt auch Ihr diesen Tag?

's könnte einer werden, der

für immer in Erinnerung bliebe…:

Ein guter oder ein schlechter,

ein negativer oder ein positiver,

ein mieser oder ein hervorragender,

ein verfluchter oder ein angehimmelter.

Der Suchende

Ein Typ meint, sein Herz sei
in einem Schrank verborgen.
Ein dunkler alter Schrank.
Anfangs suchte er in seiner
Wohnung täglich alle Schränke ab.

Vergebens!

Bald spürte er, es müsse
ein anderer Schrank sein,
vielleicht ein Schrank
eines Freundes, der sich nur
einen dummen Scherz erlaubte.

Vergebens!

Er hatte doch keine Freunde,
denn wer mag schon einen
Typen, dessen Herz sich
in einem dunklen alten
Schrank befindet?

Niemand!

Eines Tages fragte er in

jedem Antiquitätengeschäft,

ob er die alten dunklen Schränke

genauer untersuchen dürfe.

Wer erlaubte es ihm?

Niemand!

Dann kam ihm ein Prospekt von

einem alten Schloss in die Hände,

in dem es bestimmt viele dunkle alte

Schränke und einen mit seinem Herzen

gibt. Er fuhr sämtliche Museen ab.

Umsonst!

Er begann, Leute auf der Straße

anzusprechen, ob sie jemanden mit

seinem Problem kannten, jemanden,

dessen Herzen in einem Schrank

verborgen wäre, so wie seins.

Umsonst!

Verzweifelt durch die Stadt

irrend und vor sich hinsprechend:

„Das soll ein Leben sein? Tagaus,

tagein einen Schrank suchen?"

Müde und erschöpft fiel er

zu Boden und schlief ein.

Am nächsten Tag fand sich

an dieser Stelle ein frisch

aufgeschütteter Erdhügel.

Der Grabstein in Form

eines Herzens.

Ruhe in Frieden

Dein Lächeln nehm' ich
mit nach Haus

Die tanzenden Körper
werden durchzuckt im
Schein des Stroboskops.
Die Bässe hämmern im Magen
und streben rauf ins Hirn.

Blicke finden sich nur
schwerlich; mit Bewegungen
beschäftigt, die den Rausch
der Musik ins Schwingen
versetzt.

Ein Lächeln erfasste mich, als
der Sound vollkommen war,
ich hefte mich an sie,
die Augen strahlen,
die Lippen halb geöffnet,
süße Zähne zu sehen.

Dein Lächeln, ein
Freudenschauer
durchfließt meine
Erinnerung,

ist für immer
bei mir.

Aufgewühlt

Angereichert mit endlos vielen
Gedanken, überflutet ist der Kopf.
Wahllos fließen die Ströme,
die Gedankenströme heran und
lassen 's nicht zu, neutral betrachtend
seinen Weg zu gehen.

Eingeholt von dem
Erinnerungsrausch…

Klage nicht, 's wird sich
nicht ändern,
geprägt durch
die Zeit,
eine Zeit eines Lebens,
eines kleinen menschlichen Daseins,
eines Atemzugs,
eines Wimpernschlags,

eines Tropfens, der
die Wange herabrollt…
aus Trauer oder
Freude.

Wenn es dir schlecht wird,
dann kotz'

Siehst du die Ungerechtigkeit
auf dieser Welt,
dann kotz'.

Siehst du einem Streit entgegen,
der dich fertig macht,
dann kotz'

Siehst du das Elend mitten in
der Stadt in der Ecke liegen,
dann kotz'.

Siehst du die Maden, die
einen Kadaver zersetzen,
dann kotz'.

Siehst du, wie sich jemand
zugrunde richtet,
dann kotz',
denn du wirst dich für
einen Moment wohler fühlen,
denn du kannst bald
der Nächste sein,

dem alles
ankotzt!

Selbstkritik

Im Schlafzimmer auf dem
Bett sitzend, betrachte ich
mich im Spiegel des
gegenüberstehenden Schrankes
und sage zu dem Abbild:

„Sieh dich ruhig an, du bist das,
was du sonst nur von Innen
wahrnimmst.
Du siehst nicht die Wirkung
nach Außen, nicht das, was
Dein Gegenüber in dir sieht."

„Studiere dein Selbst, bevor
du jemand Anderen kritisierst.
Du bist oft genug lächerlich!"

Ich zeige ihm ein
FUCK YOU!
drehe mich um
verlasse
den
Raum.

Tiefe Narben

(An einem Sonntag)

London, 17:45 Uhr, am
Picadilly Circus fällt ein Schuss.
Die Menge rast panikartig auseinander,
wirft sich ängstlich zu Boden.
Im Zentrum des entstandenen Kreises
steht ein Mann, Mitte 30, der
den Lauf eines Revolvers
zwischen den Zähnen hält.
Die andere Seite des Schädels
ist drei Meter weit verteilt.

Er steht da, wie ein Baum.

Tokio, zur selben Zeit, schreit
jemand entsetzt auf.
Die Menge dreht sich erschrocken um
und geht neugierig in die Richtung.
Im Zentrum des entstandenen Kreises
kniet eine Frau, Mitte 30, die ihren Körper
mit der Klinge eines Schwertes durchbohrte.
Der Schrei der Augenzeugen ist
in Wimmern übergegangen.

Sie kniet da, wie ein Strauch.

New York, zur gleichen Zeit. Am
Empire State Building ist die Hölle los.
Sondereinheiten der Polizei, Feuerwehr
und Rettungssanitäter stehen bereit.
Ein Kind, Mitte 9, springt von dem Gebäude
in das entstandene Zentrum von Schaulustigen.
Es zermatscht förmlich.

Es liegt da, wie ein Blumenbeet.

Die Drei, wie sich später
herausstellt, haben viel gemein:

Jeder an seinem Ort ist standhaft.
Sie verrotten nicht, ändern nicht ihre Haltung,
sie sind unverwüstlich!!!

Vater, Mutter, Kind...

...Denkmäler des Grauens.

Klagelaut aus dem Jenseits

Meine Ma fragt mich,
was es denn auf sich hatte,
warum ich mir diese Schmerzen
zugefügt hatte?

Die Antwort ist einfach,
simple im Nachhinein:

"Eine Sozialarbeiterin kam und
ich sah plötzlich DICH anstelle
von ihr, konnte es nicht glauben
und verstrickte mich in die
Irrealität, weil meine Krankheit
eine Zeit lang nicht behandelt
wurde. Sorry, Ma!"

Leider haben wir nie
wirklich miteinander reden
können. Kurz bevor Du uns
verließest, da dachte ich:
Wir stehen uns nah, wie nie
zuvor, aber es war zu wenig
Zeit und es war zu spät.
Leider kann ich nur in die

Vergangenheit blicken,

um an Dich zu denken.

Ich hoffe, wir sehen uns

wieder, aber damit werde

ich mir viel Zeit lassen.

Bis dahin…

Dein Kleiner

(10.12.2012, überarbeitete Fassung)

Einige standen mit einem Bein

im Grab…

Was nehmt Ihr mit in Eure

neue Zukunft?

Könnt Ihr ständig daran denken,

dass es für Euch eine zweite

Chance gibt, dass Ihr von Vorn

beginnen könnt und die Fehler,

die Ihr bisher tatet, abstellt?

Könnt Ihr anderen einen Rat geben,

wie es funktioniert, sorgenfrei

zu überleben?

Könnt Ihr sagen,

was wichtig und

was nichtig

ist?

Könnt Ihr den Anderen

Ratschläge geben,

um weiter

bestehen zu können?

Weiter Tag um Tag

die Scheiße vom Arsch wischen,

weiterhin nur sinnvolle Dinge
in die Hand nehmen?
Könnt Ihr mit Sicherheit sagen,
wie es möglich ist, keinen
zu verletzen?

Könnt Ihr sagen, was nach
diesem Leben kommt,
oder was passiert,
bevor es überhaupt
damit anfängt?

Was habt Ihr für das Leben
mitgenommen und –bekommen,
als Ihr auf Messers Schneide
gestanden habt, als er,
der Tod bereits seine
Hand nach Euch
ausstreckte und Ihr ihm
gerade noch entronnen
seid?

Könnt Ihr in Euren Alltag
das Glücksgefühl des
ÜBERLEBENS einfließen
lassen und noch jemanden

bestimmten lieben, wenn Ihr
auf einmal alle liebt?
Könnt Ihr trotzdem Euer
Leben genießen, mit
dieser Erfahrung
hinter Euch?

Könnt Ihr Euren
Bewusstseinssprung
mitnehmen, um in
jedem Tag einen
besonderen Tag
zu sehen?

Könnt Ihr nur Liebe
ausstrahlen, immer
freundlich sein
und nur
sein?

Ich kann es
jedenfalls
nicht!!!

(10.12.2012 überarbeitete Fassung)

Ein Moment des Augenblicks

Zwinkern unterbricht

den Wiederschein

Ein Blitz erlischt

in sich selbst

Die Farben schwinden

in der Finsternis

Ein Glas zerschellt den

Hoffnungsschimmer

Die Not verzeiht

eine Lüge

Ein Gedanke nagt

an der Erinnerung

Im Erwachen stirbt

der schönste Traum

Die, die die Welt beherrschen

sind:

Leistungsorientierte,

kaufrauschgesteuerte,

multimediageldfixierte,

megaminicomputerchipverpflanzte,

rhythmuslärmgenervte,

hyperintelligenzquotienthaltige,

tranparenzfarbenpolitiküberdrüssige,

atomkernspaltungsverseuchte,

industriefusionsmanipulierte,

hyperraumtraumgeldverschleudernde,

selbstgefälligkeitsveranlagte,

multikultigemeinschaftsmöchtegerne,

genmanipuliertvirenverschleppende,

spezialitätenfettüberfressene,

schönheitsidealnachjapsende,

allesaußermenschlichausrottende,

weltkatastrophenignorierende,

selbstzerstörende

MENSCHENMONSTER!!!!!!

Böse Blicke

Die Kinder am Strand
bauen Burgen aus Sand.

Ein Mädchen blickt melancholisch
auf die kleinen Hände, wie sie's
schaffen, eine Burg nach der
anderen... aus dem Nichts;
bald ein Burgenparadies.

Das melancholisch blickende Mädchen
beginnt zu träumen:
In ihrem Traum, erfüllt sie sich
ihren Traum.

Aus den kleinen Kinderhänden
sind starke Frauenhände geworden.
Diese Hände tragen nun
Tag um Tag,
Stein für Stein.

Sie bauen ihr, ihre eigene Burg!

Ein Rütteln und Schreien!
Sie meint, ein Erdbeben naht.

Der letzte Stein ist
nicht gesetzt.
„Bitte, bitte nur noch
diesen einen Stein…"

Zu spät, die Augen auf,
das Glück war
so nah!

(für Reni S.)

Was bist du?

Bist du ein Handwerker, Maurer,
Elektriker, Maler, Schreiner oder
Verkäufer, Banker, Designer,
Fischer oder Hotelier, Kraftfahrer,
Goldschmied, Kassierer oder
Tankwart, Autoverkäufer?
oder eine Marionette, die
herumgeschubst wird?!

Bist du jemand, der sich nach
einem Achtstundentag beurteilen lässt,
weil du dort anerkannt und wirklich
immer zuverlässig bist,
einer, der kaum noch
`Privatleben´ hat?

Nein, ich bin ein
gestrandetes Wrack,
das sein Glück
im Leben sucht.
Ein Sarg voll. . .

Meine Tante sagte,
wenn sie einmal

nicht mehr ist,

möchte sie unter

einer Wiese mit

'ner Parkbank darauf

beerdigt werden.

Merkwürdig, auf einen Schlag

sah ich sie mit anderen

Kinderaugen. (15)

Oma bekam ein ganz

normales Grab und

Opa gesellte sich

ein Jahr später

neben sie in

ihrem Heimatort.

Meine geliebte Ma

wünschte sich ein

Urnenbegräbnis.

In ihrer Leidenszeit

erzählte sie von ihrer

Chance, ein "zweites"

Leben zu beginnen,

nachdem die Geburt

ihres ersten Sohnes fast

24 Stunden andauerte.

Merkwürdig, auf einen Schlag
sah ich sie mit anderen
Kinderaugen (24)

Sie hatte viel, viel Kraft,
ihr Leben zu meistern.
Sie hatte eine liebevolle
und anziehende Ausstrahlung,
mit ihrem eigenen Stolz.

Es gab Zeiten, da wollte
ich sterben.
Jetzt lebe ich
und wünsche mir,
nach meinem Tode,
einen Sarg voll
Charles Bukowski Bücher.

Für meine geliebte Frau Daniela und
die Kinder Alisha und Vincent.

Anhang

Verbunden

Wir beide sind uns im Klaren,
was uns verbindet . . . es ist
das scheinbar unsichtbare
Band der gemeinsamen Liebe.

Doch sieht man uns beide,
Hand in Hand spazieren
Gehen, so erkennen
Außenstehende unsere Liebe.

Ja mein Schatz, ich gehe mit Dir
Zusammen diesen Weg und diese
Alltäglichen Hindernisse, werden uns
Bald wie Kieselsteinchen vorkommen,
haben wir einmal die großen Belastungen
abgelegt und wir können ALLE gemeinsam
den Weg des Familienglückes gehen...!!!

LIEBE LIEBE LIEBE, Dich, meine Sonne,
meine Wonne, meine Hoffnung, meine Zukunft,
mein Seelenglückesschmied!!!

Für Dich

Du bist in meinem Herzen,
ich bin in Deinem Herzen.
So sind wir immer zusammen.

Du bist in meinen Gedanken,
Ich bin in Deinen Gedanken.
So denken wir aneinander.

Ich fühle Dich,
Du fühlst mich.
Wir haben Schmetterlinge im Bauch.

Ich liebe Dich,
Du liebst mich.
So sind wir eins…
Eine Einheit, stark, mächtig und
Gemeinsam glücklich!!!

FSC
www.fsc.org
MIX
Papier | Fördert
gute Waldnutzung
FSC® C083411

Zeitfracht Medien GmbH
Ferdinand-Jühlke-Straße 7
99095 Erfurt, Deutschland
produktsicherheit@kolibri360.de